AF358594

LES PROPORTIONS DU CORPS HUMAIN

Mesurées sur les plus belles Figures de l'Antiquité.

A PARIS,

Chez GIRARD AUDRAN, Graveur du Roy, ruë S. Jacques,
aux deux Piliers d'or.

MDCLXXXIII.

AVEC PRIVILEGE DU ROY.

PREFACE.

JE ne crois pas qu'il soit besoin icy de m'étendre sur la necessité qu'ont tous les Dessignateurs de connoistre parfaitement les proportions; on sçait assez que pour peu qu'ils se dispensent de les observer exactement, ils ne font que des figures estropiées & monstrueuses.

Tout le monde convient de ce principe à le regarder en general, mais chacun le met en pratique differemment; & voila le poinct de la difficulté, qui se reduit toute à trouver des regles certaines pour la justesse & pour la noblesse des proportions, sur lesquelles, comme les avis sont souvent partagez, il s'agit d'établir un Juge à qui l'on s'en puisse rapporter avec sureté.

Cela paroit d'abord fort aisé : car puisque toute la perfection de l'Art consiste à bien imiter la nature, il semble qu'il ne faille point consulter d'autre Maistre, & qu'on n'ait qu'à travailler d'aprés les modelles vivans; toutefois si l'on veut approfondir la chose, on verra qu'il ne se trouve que peu ou point d'hommes dont toutes les parties soient dans leur juste proportion sans aucun defaut. Il faut donc choisir ce qu'il y a de beau dans chacun, & ne prendre que ce qu'on nomme communément la belle nature. Mais qui osera presumer d'avoir le discernement assez juste pour ne se point tromper dans un tel choix?

Nos plus grands Maistres s'y trouvent embarassez, & souvent ne conviennent pas entre eux; ils se forment differentes idées de beauté, lesquelles ils reglent presque toûjours suivant leur païs & leur temperament.

Je dis suivant leur païs : car comme tous les hommes, dans leur air & dans leurs manieres, tiennent toûjours beaucoup du climat où ils sont nez, les Peintres se forment des goûts particuliers sur les objets qu'ils voyent sans cesse, dont ils se remplissent tellement l'imagination, qu'ils y conforment toutes leurs Figures.

De là vient qu'il y a des Provinces du nom desquelles on caracterise les Peintres, en disant c'est du goût d'un tel Païs, & qu'en effet ce goût se trouve, ou plus ou moins dans tous les Dessignateurs de ces Nations.

Pour ce qui est du temperament, il agit encore plus puissamment en nous. Comme c'est luy qui fait la distinction la plus essentielle d'un homme à un autre, il a part à tout ce que nous faisons. C'est dans ce sens qu'on peut dire qu'un Peintre se peint soy-mesme dans ses Ouvrages, & que si nous avions assez de penetration, nous y pourrions lire ses inclinations dominantes. Un sentiment secret né avec nous, & dont souvent on ne connoît pas la cause, est ordinairement ce qui nous determine dans nostre choix, & nous fait conformer nos figures à l'air des personnes pour qui nous aurions le plus de penchant.

Il y a mesmes des Peintres en qui le temperament est si marqué qu'on ne sçauroit s'y méprendre. Nous en avons eu qui ne se portoient d'eux-mesmes qu'à certains sujets; les uns à des sujets agreables comme des bains de Diane, des jeux de Nymphes, & choses semblables; d'autres choisissoient toûjours des sujets rudes, des sortileges, des apparitions de morts, & toutes choses naturellement effrayantes.

Si l'on prenoit la peine de les observer suivant cette remarque, on trouveroit que la façon de vivre des uns & des autres répondoit à leurs Ouvrages, & que le caractere de leur esprit y estoit marqué, non seulement dans le choix des sujets, mais encore dans chaque Figure en particulier.

Ajoûtons à tant de preventions que chacun prend de soy-mesme, celles qui viennent du Maiftre, de la maniere duquel on retient prefque toûjours quelque chofe. Sur quoy, nous pouvons remarquer en paffant, que ce qu'on appelle maniere, en Peinture, eft communément un defaut, n'eftant pour l'ordinaire autre chofe que quelque trait agreable où l'on s'eft tellement pleu qu'on l'a chargé avec excés; en quoy l'on a paffé le jufte poinct de ce Vray que tout le monde cherche, & où il eft fi difficile de parvenir.

Que peut donc faire un Deffignateur au milieu de tant de difficultez ? Je ne vois que l'antique en quoy l'on puiffe prendre une entiere confiance. Les Sculpteurs qui nous ont laiffé les belles Figures qui nous reftent, fe font heureufement tirez de cét embarras. Quelques-unes de ces difficultez n'eftoient pas difficultez pour eux, & ils ont fceu parfaitement furmonter les autres.

Premierement, pour ce qui regarde le Pays, c'étoit dans la Grece, ou dans l'Italie qu'ils travailloient. On fçait affez que l'une étoit fertile en beautez; l'autre étant la maiftreffe du Monde, tout ce qu'il y avoit de beau & de rare y abordoit de toutes parts.

A l'égard du temperament & des paffions, fans doute ils y étoient fujets comme nous: ce ne feroit pas mefme une fort heureufe difpofition pour les Arts qu'une infenfibilité naturelle: il feroit mal-aifé que les Ouvrages ne tinffent un peu de cette extrême froideur: mais du moins ces grands Hommes ne fe laiffoient pas tellement prevenir à leurs paffions qu'ils n'obfervaffent tout ce qui étoit à fuïr & à pratiquer fuivans les divers caracteres de leurs Figures; & cela avec une telle exactitude, que perfonne, depuis tant de fiecles, n'a encore atteint à ce haut degré de perfection où ils ont pouffé leurs Ouvrages.

On peut avancer hardiment qu'ils ont en quelque forte furpaffé la nature; car bien qu'il foit vray de dire qu'ils n'ont fait veritablement que l'imiter, cela s'entend pour chaque partie en particulier, mais jamais pour le tout enfemble, & il ne s'eft point trouvé d'homme auffi parfait en toutes fes parties que le font quelques-unes de leurs Figures. Ils ont imité les bras de l'un, les jambes de l'autre, ramaffant ainfi dans une feule Figure toutes les beautez qui pouvoient convenir au fujet qu'ils reprefentoient, comme nous voyons qu'ils ont raffemblé dans l'Hercule tous les traits qui marquent la force, & dans la Venus toute la délicateffe & toutes les graces qui peuvent former une beauté achevée. Ils ne plaignoient ny le temps ny les foins; il s'en eft trouvé tel qui a travaillé toute fa vie en vûë de produire feulement une Figure parfaite.

Trois puiffants motifs les animoient; la Religion, la Gloire, & l'intereft. Ils regardoient comme une forte de culte Religieux de faire les Figures de leurs Dieux avec tant de nobleffe qu'elles peuffent attirer l'amour & la veneration des Peuples. Leur propre gloire s'y rencontroit, on leur decernoit des honneurs finguliers quand ils avoient reüffi. Et pour leur fortune ils n'avoient plus befoin de s'en mettre en peine, dés qu'ils étoient parvenus à un certain degré de merite.

Outre ces raifons qui femblent avoir le plus contribué à former ces excellens Hommes, il eft certain qu'il y a des fiecles heureux, tels qu'ont été le fiecle d'Alexandre & celuy d'Augufte. Nous vivons aujourd'huy fous un pareil regne: on y voit tellement refleurir les beaux Arts, qu'il y a lieu d'efperer qu'on pourra parvenir enfin à la perfection des Grecs & des Romains dans leurs Ouvrages les plus achevez.

Il ne faut pas toutefois que la haute eftime que nous avons pour les Anciens, quoy que bien fondée, nous attache aveuglement à toutes les Figures antiques; il eft à croire que comme il y avoit des Maiftres, il y avoit auffi des Ecoliers, dont quelques Ouvrages

ont

ont paßé jufqu'à nous, bien qu'ils ne meritent gueres le foin qu'on a pris de les conferver. C'eftpourquoy dans le grand nombre qui nous en refte, j'ay choifi celles qui ont l'approbation la plus univerfelle, & que les plus fameux Deffignateurs ne regardent qu'avec admiration, les donnant comme les modeles les plus affeurez.

Comme c'eft fur ces Figures que vous devez faire voftre principale Etude, il eft bon de vous faire obferver que dans les plus belles on remarque des chofes qu'on prendroit affurément pour des fautes, fi on les voyoit dans les Ouvrages d'un Moderne. Le Laocoon a la jambe gauche plus longue que l'autre de quatre minutes; L'Apollon a la jambe gauche plus longue que la droite d'environ neuf minutes. La Venus a la jambe qui ploye plus longue prefque d'une partie trois minutes que celle qui porte. La jambe droite du grand Enfant de Laocoon eft plus longue de prés de neuf minutes que la gauche.

Je ne puis cependant m'empefcher d'avoir de la veneration mefmes pour ces fautes apparentes: je croy que les Sculpteurs ont eu leurs raifons, & qu'il y auroit de la temerité à les condamner; le moyen de penfer que ces grands Hommes qui ont fait des Ouvrages qu'on peut dire parfaits, foient tombez dans des fautes auffi groffieres que feroient celles dont nous venons de parler, s'ils ne les avoient pas faites à deffein?

Entre plufieurs confiderations qu'ils ont pû avoir, & que nous n'imaginons pas, il fe peut faire qu'ils en ayent ufé de la forte, à caufe du raccourcy. Voicy comme je comprends la chofe. Ces Figures étoient faites pour eftre placées dans des endroits d'où elles étoient principalement vuës de certains côtez, avec des hauteurs & des diftances qui pouvoient changer les apparences de l'objet; les parties que nous avons remarquées paroiffant alors en raccourcy, auroient femblé défectueufes; & c'eft à mon fens, ce qui a obligé de les tenir plus longues; d'où nous pourrions tirer une leçon importante, qui eft que lors qu'une Figure doit eftre vuë de tous côtez, & d'une diftance à la pouvoir entierement examiner, il faut luy donner les proportions telles que nous les trouvons dans l'Antique, aux parties qui fe font voir fans aucun raccourcy, mais fi la Figure devoit eftre placée avec des affujettiffemens à des lieux ou à des diftances qui en dérobaffent quelque partie à nos yeux, alors il feroit beau, & peut-eftre neceffaire, d'ufer de ces fçavants artifices dont les Anciens fe font fi heureufement fervis.

Je m'étois propofé d'abord de rendre cét Ouvrage plus ample, en y ajoûtant ces mefmes Figures, ombrées avec le plus de gouft & le plus de propreté qu'il m'euft efté poffible; & fur tout, dans la regularité de mes mefures; mais comme l'on m'a preffé de le donner au Public, pour l'utilité des Etudiants, je n'ay pas crû devoir differer davantage, d'autant plus que tout ce qu'il y a de neceffaire eft icy, & que le refte ne feroit que pour un plus grand agrément. Il faut feulement vous avertir que ces Figures n'eftant point ombrées, & les endroits qui devroient eftre ronds ne vous prefentans qu'une fuperficie plate, il pourra arriver qu'elles vous paroiftront courtes; que cela ne vous arrefte pas, elles font dans les proportions les plus élegantes; fi vous en doutez, defignez-en quelqu'une dans les mefmes mefures que je vous ay marquées, ombrez-la tendrement fans là tracer, & vous ferez une Figure fort legere.

On a fait differens Livres fur cette matiere; il me paroift que plufieurs de ceux qui en ont traité ont affecté de fe faire Chefs de Secte, en donnant des mefures comme il leur a pleu, fans s'appuyer d'aucune authorité. Je croy qu'ils ont erré; c'eft à vous d'en juger, faites le paralelle de leurs proportions avec les miennes, deffignez une mefme Figure fuivant les differentes regles, & vous en verrez l'effet.

J'en ay trouvé d'autres qui aprés avoir deffigné à vuë d'œil des Figures fort regulieres & de bon gouft, d'aprés l'Antique, avoient enfuite mefuré les marbres, pour en donner les proportions, & n'y ayant pas apporté toute l'exactitude neceſſaire, leurs Ecrits ne répondoient pas à leurs Figures.

J'ay tâché d'éviter également ces deux defauts. Je ne vous donne rien de moy meſme, j'ay tout pris ſur l'Antique, mais je n'ay rien tracé ſur le papier, qu'aprés avoir marqué au compas toutes les meſures, pour faire que mes contours tombaſſent juſte ſuivant mes chifres.

J'ay choiſi des Figures de different caractere, & je les ay meſurées de pluſieurs coſtez, afin que vous puiſſiez trouver dans les unes ou dans les autres quelque choſe qui vous convienne. J'ay diſpoſé mes meſures de maniere que vous puiſſiez vous en ſervir dans quelque profeſſion que vous ſoyez, ou l'on ait beſoin de ſçavoir deſſigner.

Si vous eſtes Sculpteur, il eſt ſans difficulté que vous y trouverez, plus qu'un autre, des choſes qui vous feront propres; car comme voſtre Art ne feint rien, & qu'il repreſente les Figures avec toutes leurs dimenſions effectives, vous pourrez promener voſtre compas ſur tous les endroits dont vous douterez.

Si vous eſtes Peintre, ou Graveur, vous y trouverez encore quantité de choſes utiles, parce que de quelque vuë qu'une Figure ſe preſente à vous, il y a toûjours beaucoup de parties meſurables. J'ay imaginé outre cela deux manieres de meſurer differentes de l'ordinaire; l'une vous ſervira pour les parties fuyantes, vous la trouverez dans la Planche ſeptiéme; Et l'autre pour meſurer les parties dans le raccourcy, je l'ay marquée dans la Planche dix-huitiéme.

J'avouë que vous embaraſſeriez fort la plus grande partie des Peintres ſi vous portiez le compas ſur leurs Ouvrages dans tous les endroits qui ſe peuvent meſurer: pluſieurs ſe ſauvent à la faveur des graces de la Peinture, mais ne nous flatons point, ni la vivacité du coloris, ni la richeſſe des diſpoſitions, ni les expreſſions les plus fortes, ne formeront jamais un beau tout, & ne feront que de fauſſes apparences de beauté, ſi elles ne ſont pas ſoûtenuës de la correction du deſſein. Que cela toutefois ne vous rebute pas, car bien que peu de Tableaux pûſſent ſoûtenir un tel examen, vous pouvez pourtant apporter la ſeverité du compas aux Ouvrages de Raphaël, d'Annibal, Carache, du Pouſſin, & de quelques-uns de nos plus fameux Maiſtres; nous en connoiſſons meſme aujourd'huy avec qui on en peut encore uſer de la ſorte; leur modeſtie m'empeſche de les nommer, leurs Ouvrages les découvrent aſſez; examinez-les bien; vous trouverez des Peintres dont les Tableaux ſont juſtes dans toutes les proportions par des contours certains & gracieux tout enſemble, c'eſt de ceux-là que j'entends parler.

Quand je donne de ſi grands éloges aux Peintres dont on peut meſurer les Ouvrages, mon intention n'eſt pas neantmoins de vous faire employer un temps trop conſiderable à meſurer vos Figures avec le compas, ce qui retarderoit aſſurément voſtre progrés dans le deſſein; mais vous pouvez vous ſervir du compas & de mes meſures pour reſoudre les difficultez qui vous naiſtront ſur les proportions: alors vous en eſtant pluſieurs fois éclaircis, la choſe vous deviendra naturelle, & vous vous formerez l'habitude de les obſerver reguliere-ment ſans compas.

Au reſte ne trouvez pas mauvais que je vous vante ici mon Ouvrage: la principale gloire n'eſt pas pour moy, c'eſt l'Antique que je vante; l'Antique me preſente des Ouvrages admi-rables, j'en fais mon étude particuliere, je luy dois le peu que je ſçay, je prens ſoin d'en ra-maſſer les meſures pour en mieux examiner les beautez, & je vous les offre, ſouhaittant que vous en recueüilliez tout le fruit qui s'en peut tirer.

POUR se servir de ces mesures, il faut premierement sçavoir que c'est l'ordinaire des habiles Peintres & Sculpteurs, de faire leurs Figures un peu surbaissées, afin de leur donner plus de grace, & pour les faire paroître d'une nature plus souple; Presque toutes les Statuës antiques sont dans ce goust, plus ou moins, suivant que les sujets le requierent. Les endroits par lesquels ces surbaissemens se font sont le pli des hanches, le courbe des reins, & le panchement de la teste : Tout cela veritablement ne va qu'à peu de chose dans certaines Figures, comme l'Apollon qui est presque droit; mais dans d'autres, telles qu'est la Figure d'Antinoüs, la diminution est d'environ une partie dix minutes. Lors donc que nous disons une telle Figure a tant de hauteur, cela ne veut pas dire, qu'à mesurer la Statuë depuis le sommet de la teste jusqu'à la plante des pieds, dans l'attitude où elle est, on y trouvast effectivement la hauteur que nous luy attribuons, mais cela s'entend que si la Figure estoit droite comme un Terme, & également posée sur ses deux pieds, dans les mesmes proportions qu'elle a, elle auroit la hauteur que nous luy donnons.

Cela supposé, j'ay mesuré mes Figures dans la hauteur qu'elles auroient si elles estoient droites; j'ay marqué ce qu'il y a de diminué dans quelques endroits, & j'ay pris mes principales mesures sur les parties qui se trouvent dans toute leur étenduë.

J'ay reglé les mesures de la Figure entiere par rapport à la teste, suivant la methode la plus ordinaire. La teste se divise en quatre parties; sçavoir, une depuis le dessous du menton jusqu'au dessous du nez; La seconde, depuis le dessous du nez jusqu'au dessus, entre les deux sourcils; La troisiéme, depuis le milieu des sourcils jusqu'à la naissance des cheveux sur le front; Et la quatriéme, depuis la naissance des cheveux jusqu'au sommet de la teste. Chaque partie se divise en douze minutes, & les minutes se divisent en demie, en tiers, & en quarts. Voici comment le tout se marque, P. signifie partie, M. minute, m $\frac{1}{2}$ demie minute, m $\frac{1}{3}$ tiers de minute m $\frac{1}{4}$ quart de minute. Pour ne charger pas mes Figures de chifres inutiles, j'ay fait cette difference entre une demie minute, & une minute & demie, que quand je marque la demie minute, je la marque ainsi m $\frac{1}{2}$ sans aucun chifre avant la lettre M. Et quand je veux dire minute & demie, je mets un chifre avant la lettre M, en sorte que 1. m $\frac{1}{2}$ signifie une minute & demie. J'ay mesuré la Figure qui represente la Paix des Grecs par pieds, poulces, & lignes, pour une plus grande exactitude, à cause qu'elle est fort petite; Mais vous trouverez que cela se rapporte aux mesures qui sont prises sur la teste, & que cette Figure contenant quarante-cinq poulces, sept lignes, revient juste à trente parties de teste, en sorte que vous pourrez reduire toutes vos mesures de la maniere qui vous sera la plus commode.

EXTRAIT DV PRIVILEGE DV ROY.

PAR grace & Privilege du Roy, il est permis au sieur GIRARD AUDRAN, de faire Imprimer, vendre & debiter par telle personne que bon luy semblera un Livre intitulé, *Les Proportions du Corps Humain*, durant le temps & espace de dix années : Défenses à tous Graveurs-Imprimeurs, & autres Personnes de copier, graver, ou faire graver en telle sorte, maniere & grandeur que ce soit les Figures susdites, sans le consentement dudit Sieur, à peine de confiscation des Exemplaires & Planches, & de tous dépens, dommages & interests, & de quinze cens livres d'amende, comme il est plus amplement porté par ledit Privilege. Donné à Versaille, le 17ᵐᵉ jour de Decembre 1682. Signé, par le Roy, BELLAVOINE; Et scellé du grand Sceau de cire jaune.

Regissré sur le Livre de la Communauté des Marchands Libraires, le 19. Février 1683. Signé, C. ANGOT, Syndic.
Les Exemplaires ont esté fournis.

La Statue de Laocoon à de hauteur 7 testes 2 parties 3 minutes elle à toûiours
fait ladmiration des plus fameux dessignateurs, et plusieurs n'ont point fait
de difficulté de   luy donner le premier rang entre toutes les figures antiques
C'est vn   Groppe composé de la figure de Laocoon, de celle de ses deux fils
le suiet est en Virg. 2.e de L'eneide V. 201; Le tout est d'vn seul bloc de marbre trauaillé
de concert   par trois celebres Sculpteurs Agesander, Polydore, et Athenedore.
                                             Pl. Liu. 36 Ch. 5.

Ce Vend a Paris Chez Audran Rue S. Iacques
aux deux Piliers d'or.   Auec priuilege du Roy

1

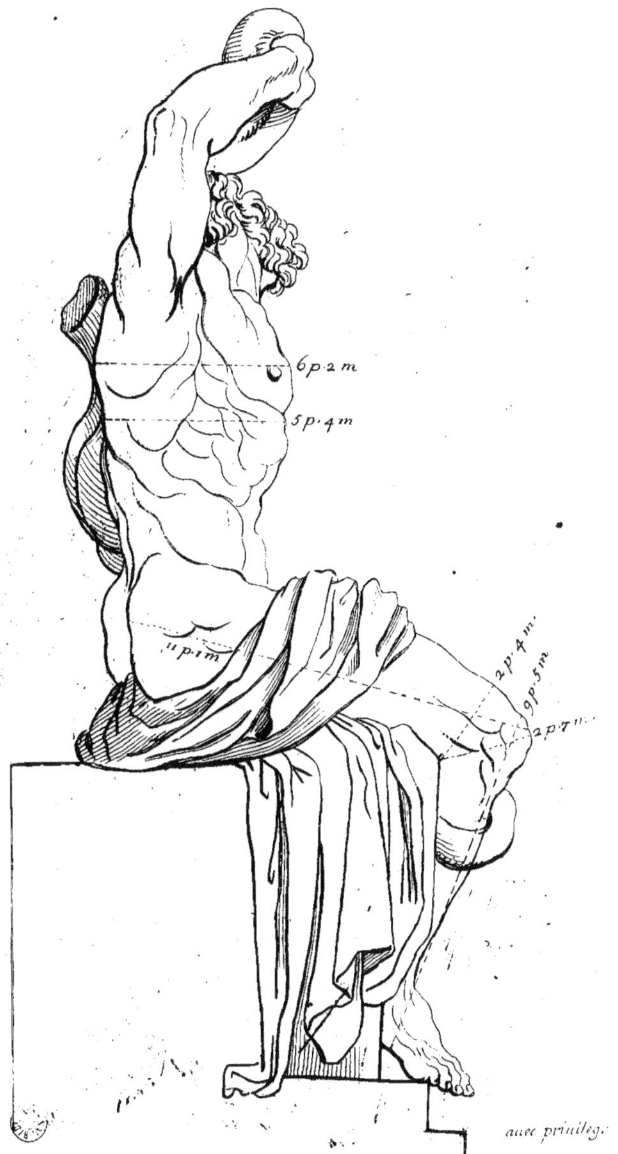
6p.2m
5p.4m
11p.1m
2p.4m
9p.5m
2p.7m
auec priuileg.
2

4 p. 3 m.
3 p. 1 m.
2 p. 5 m.
2 p. 1 m.
3 p.
2 p. 4 m.
8 m.
2 p.
1 p. 1 m.
4 p. 9 m.
1 p. 8 m.
4 p. 3 m.
1 p. 9 m.
3 p. 6 m.
4 p. 4 m.
2 p. 2 m.
10 p. 8 m.
2 p. 1 m.
7 p. 6 m.
6 p. 2 m.
2 p. 2 m.
2 p. 6 m.
2 p. 2 m.
3 p. 10 m.
2 p.
2 p. 2 m.
1 p. 9 m.
1 p. 1 m.
1 p. 5 m.
6 p. 3 m.
2 p. 2 m.
10 m.
10 p.
1 p. 9 m.
6 m.
3 p. 2 m.

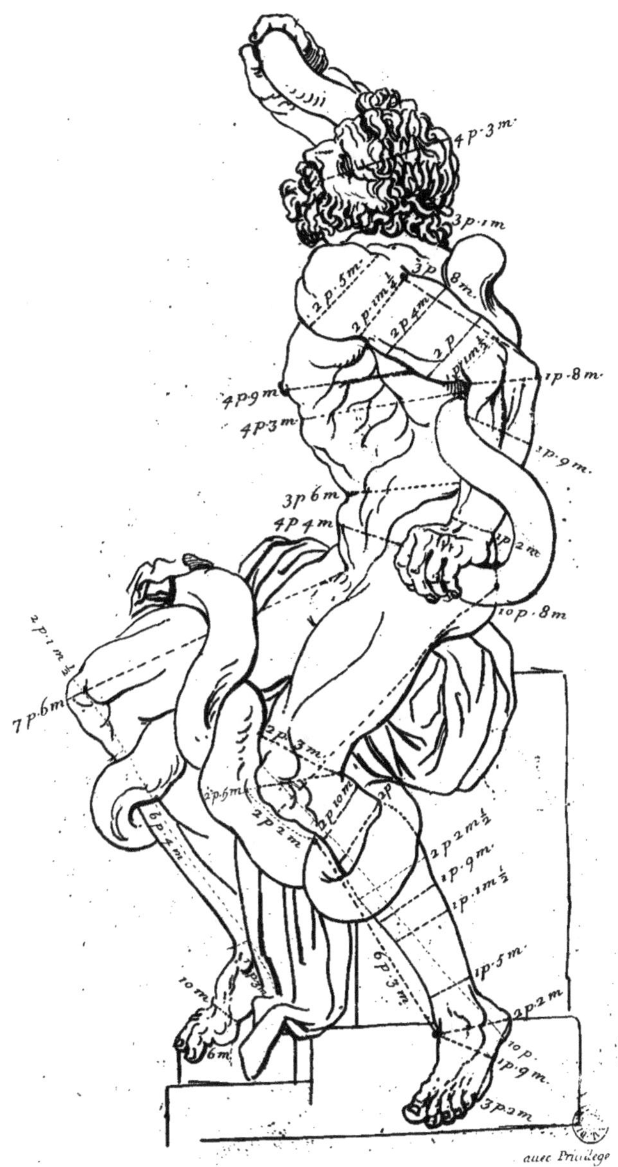

3

2p 10m
7p 4m
2p 1m
2p 6m
1p 8m
8p 6m
6p 3m
5p 6m
1p 3m
4p 4m
1p 1m
1p 2m
5p 3m
5p 6m
3p 4m
1p 10m
3p 4m
2p 2m
1p 8m
1p 5m
10 p
1p
1p 3m
1p

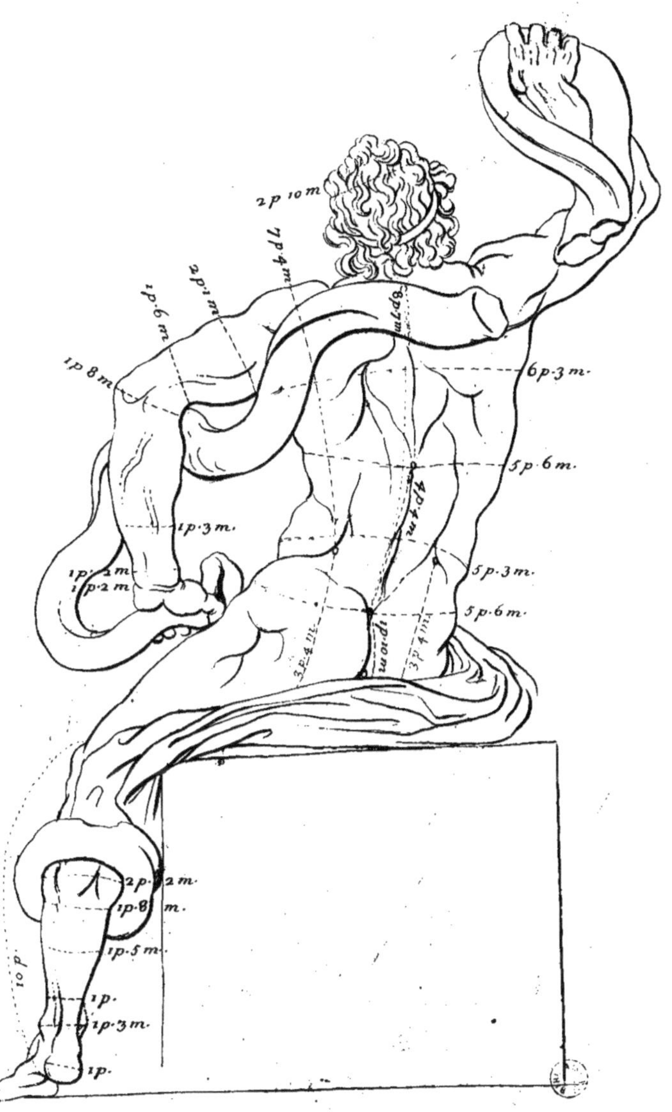

4

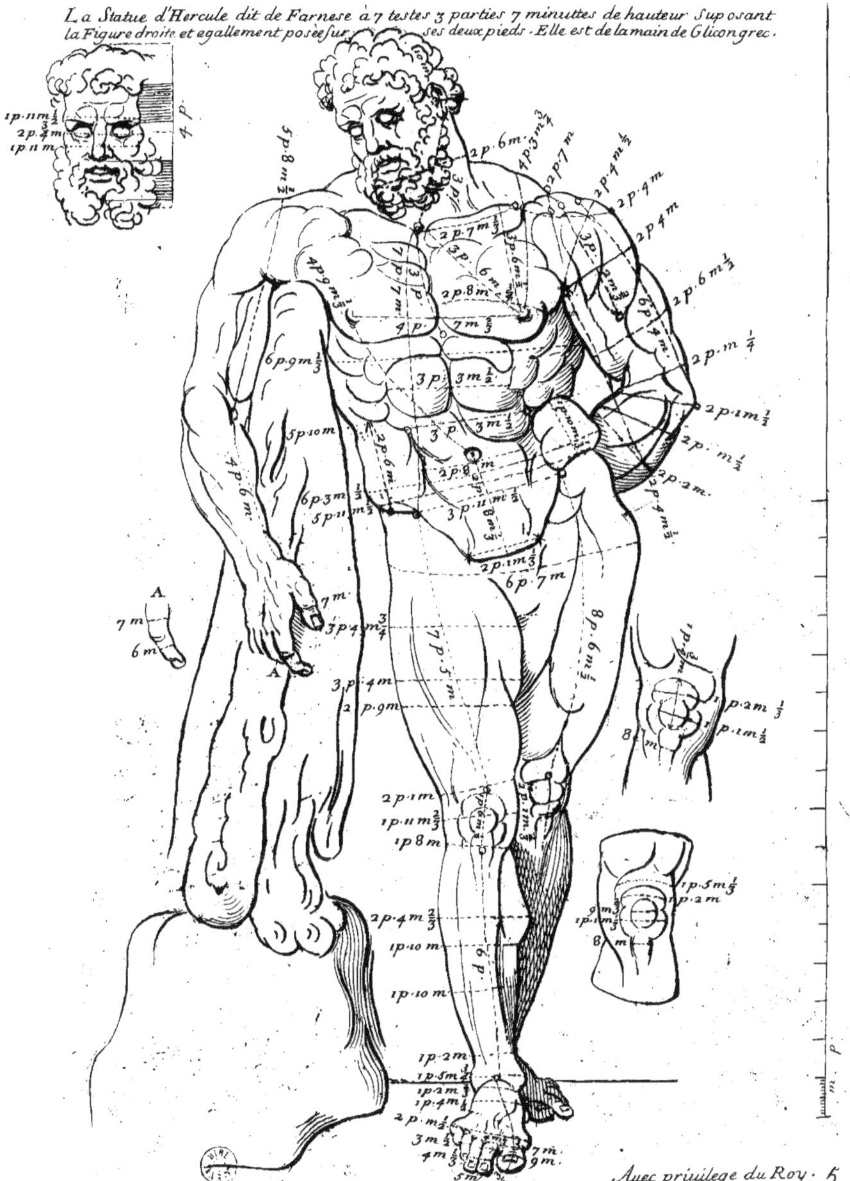

Auec priuilege du Roy. 5

Le même Hercule veu de côté a 7 têtes 3 parties 7 minutes de hauteur 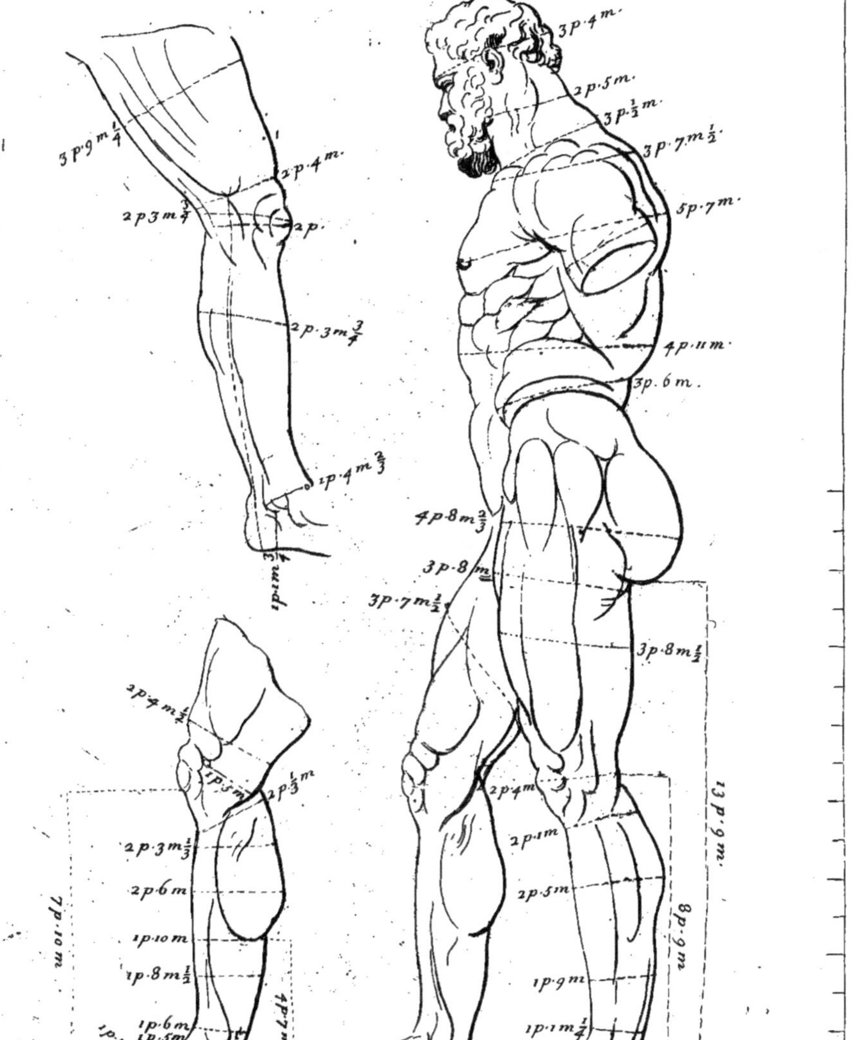
3p·4m·
2p·5m·
3p·½m·
3p·7m·½
5p·7m·
4p·11m·
3p·6m·
3p·9m·¼
2p·4m·
2p3m·¾
2p.
2p·3m·¾
2p·4m·⅔
4p·8m·⅔
3p·8m·
3p·7m·½
3p·8m·½
13p·9m·
2p·4m·½
1p·3m·
2p·⅓m·
2p·3m·⅓
2p·6m·
1p·10m·
1p·8m·½
1p·6m·
1p·5m·
2p·4m·
2p·1m·
2p·5m·
1p·9m·
1p·1m·¼
8p·9m·
7p·10m·
4p·7m·
4p·9m·½
1p·10m·
Auec priuil. 6

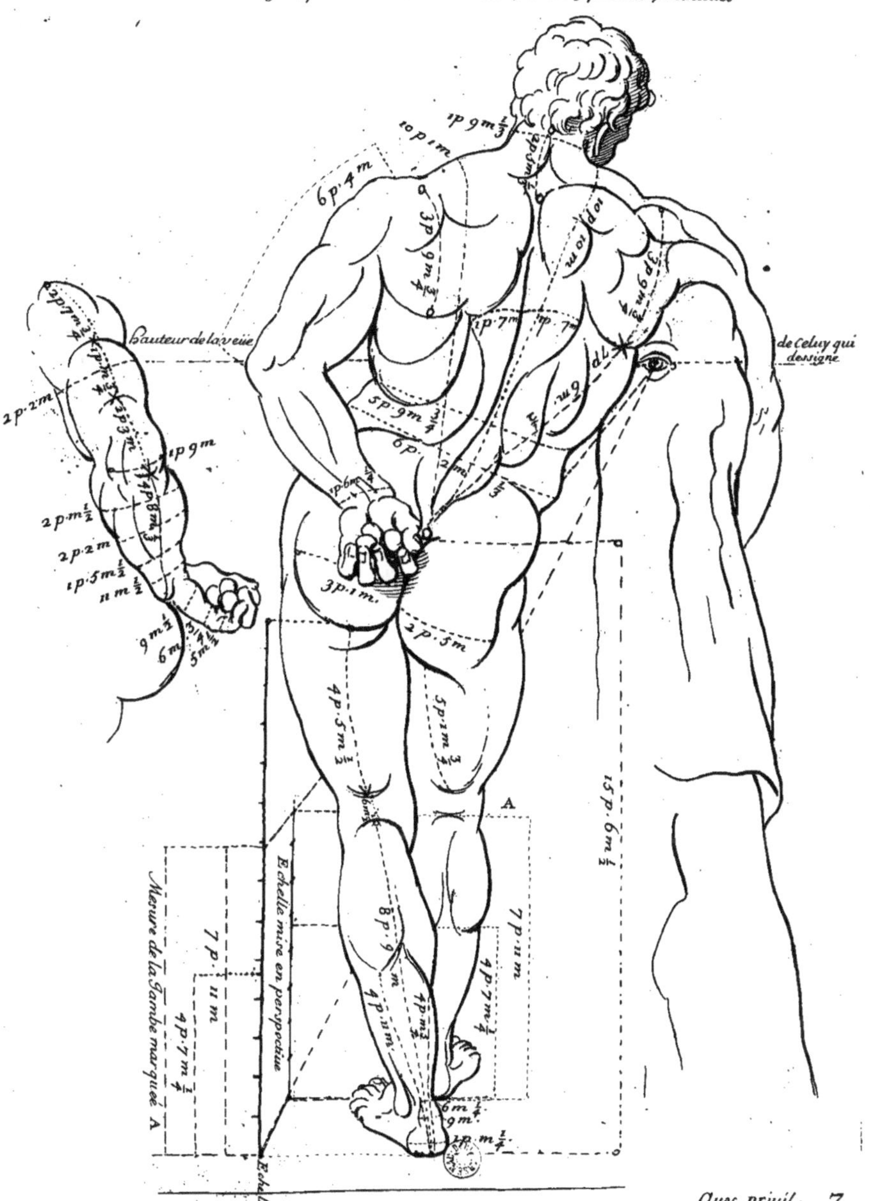

Le mesme Hercule fait par Glicon à de hauteur 7 testes 3 parties 7 minuttes
hauteur de la veüe
de Celuy qui dessigne
Echelle mire en perspectiue
Mesure de la Jambe marquée A
Echelle
A
Auec priuil. 7

Pyrasme au jardin Ludouise à Rome, a de hauteur 7 têtes 2 parties.

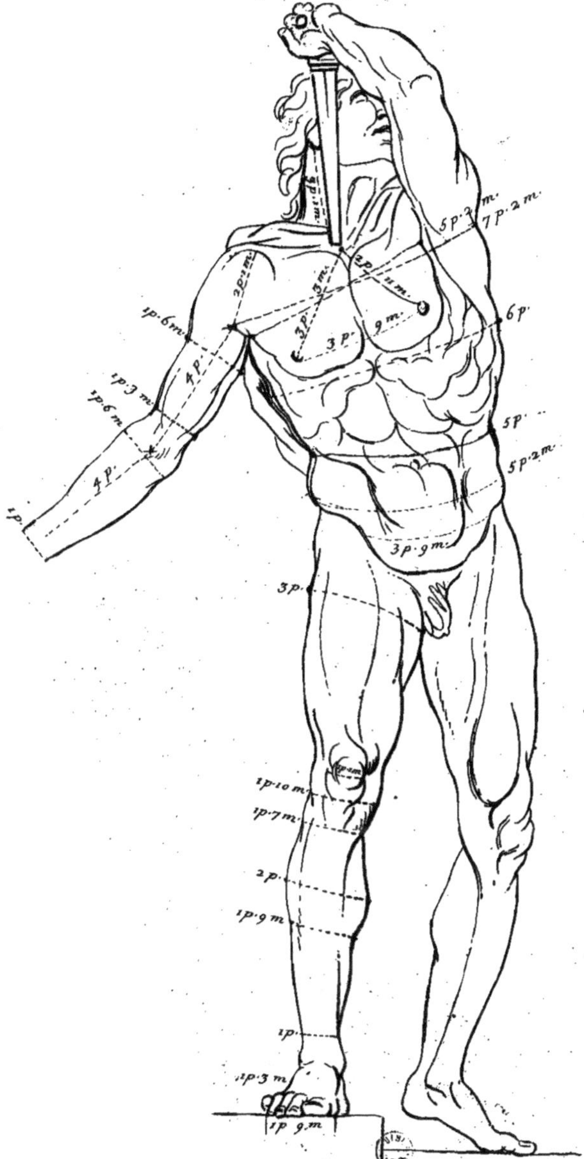

5 p. 2 m.
7 p. 2 m.
6 p.
5 p.
5 p. 2 m.
3 p. 9 m.
3 p.
1 p. 10 m.
1 p. 7 m.
2 p.
1 p. 9 m.
1 p.
1 p. 3 m.
1 p. 9 m.
4 p. 6 m.
1 p. 3 m.
1 p. 6 m.
4 p.
4 p.
2 p. 2 m.
2 p. 1 m.
3 m.
2 p. 1 m.
3 p.
3 p.
9 m.
m
P

Le terme Ouvrage Egyptien, a de hauteur 7 têtes 1 partie 7 minutes. Comme la tete n'est pas de 4 mesures de nez il faudra les prendre de l'espace des 2 tétins. dautant que le haut de la tête est Surbaissé.

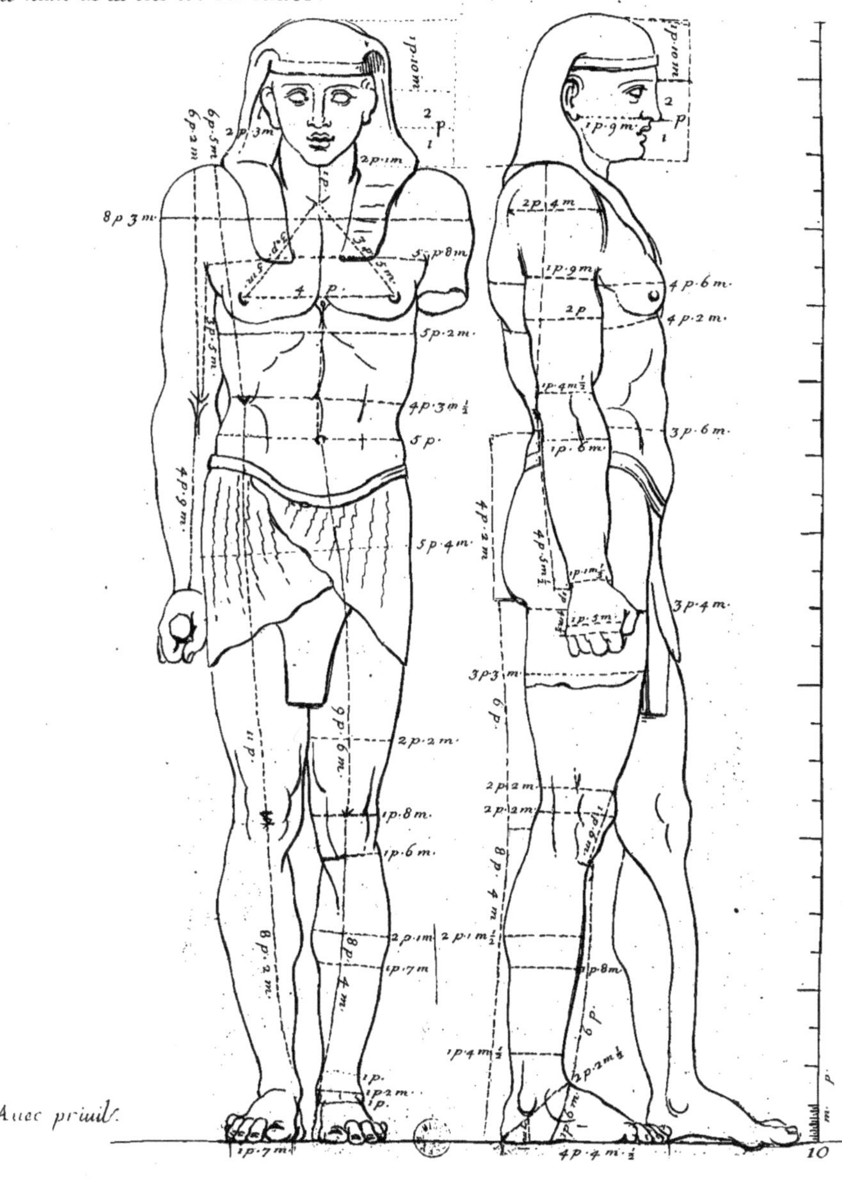

Avec privil.

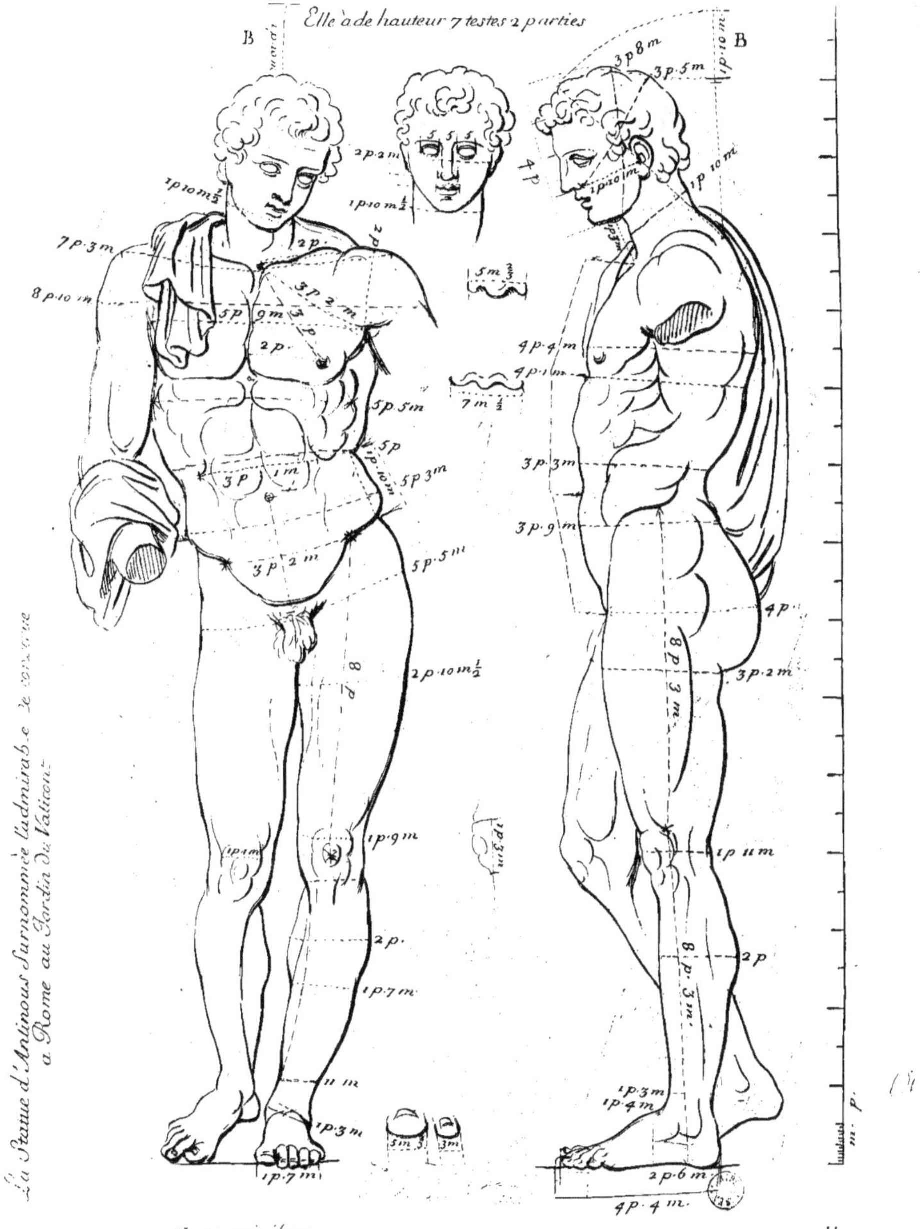
Elle a de hauteur 7 testes 2 parties
B
B
La Statue d'Antinous Surnommée l'admirable de couleur
a Rome au Jardin du Vatican
Avec privilege
11

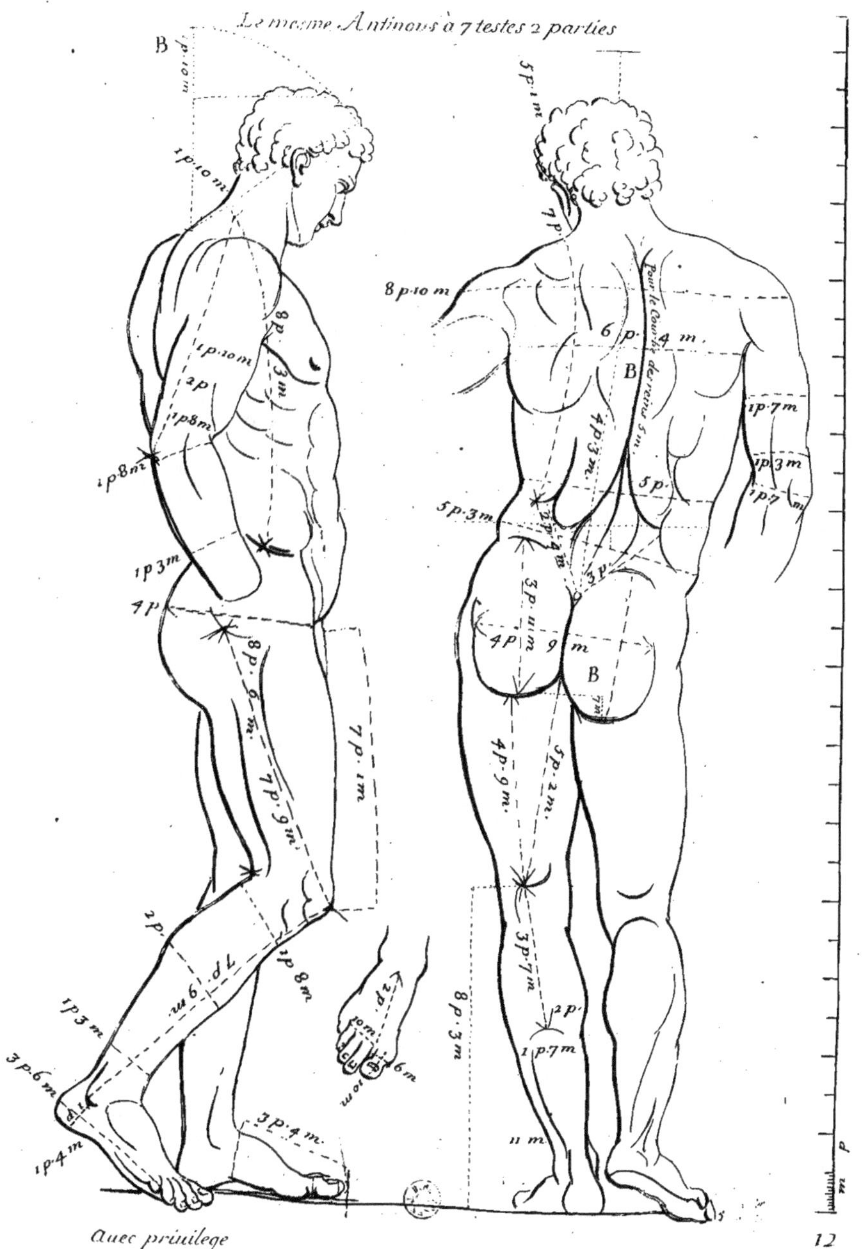

Le mesme Antinous à 7 testes 2 parties
B
8 p. 10 m
5 p. 1 m
7 p.
Pour le Courbé des reins 5 m.
6 p. 4 m
B
1 p. 7 m
1 p. 3 m
1 p. 7 m
4 p. 3 m
1 p. 3 m
5 p.
1 p. 10 m
1 p. 10 m
2 p
1 p. 8 m
8 p. 3 m
5 p. 3 m
2 p. 4 m
1 p. 8 m
3 p
3 p. 11 m
4 p. 9 m
B
1 p. 3 m
4 p
8 p. 6 m
5 p. 2 m
4 p. 9 m.
7 p. 9 m
7 p. 1 m
3 p. 7 m
2 p
1 p. 7 m
2 p.
8 p. 3 m
1 p. 8 m
7 p. 9 m
1 p. 3 m
3 p. 6 m
3 p. 4 m
1 p. 4 m
11 m
Auec priuilege
P
m
12

La Paix des Grecs

A de hauteur 7 testes 2 parties suposant la Figure droite et egallement posée sur ses deux pieds. Elle se peut encore mesurer auec l'Echelle du l'Antin afin d'en examiner les diférences

13

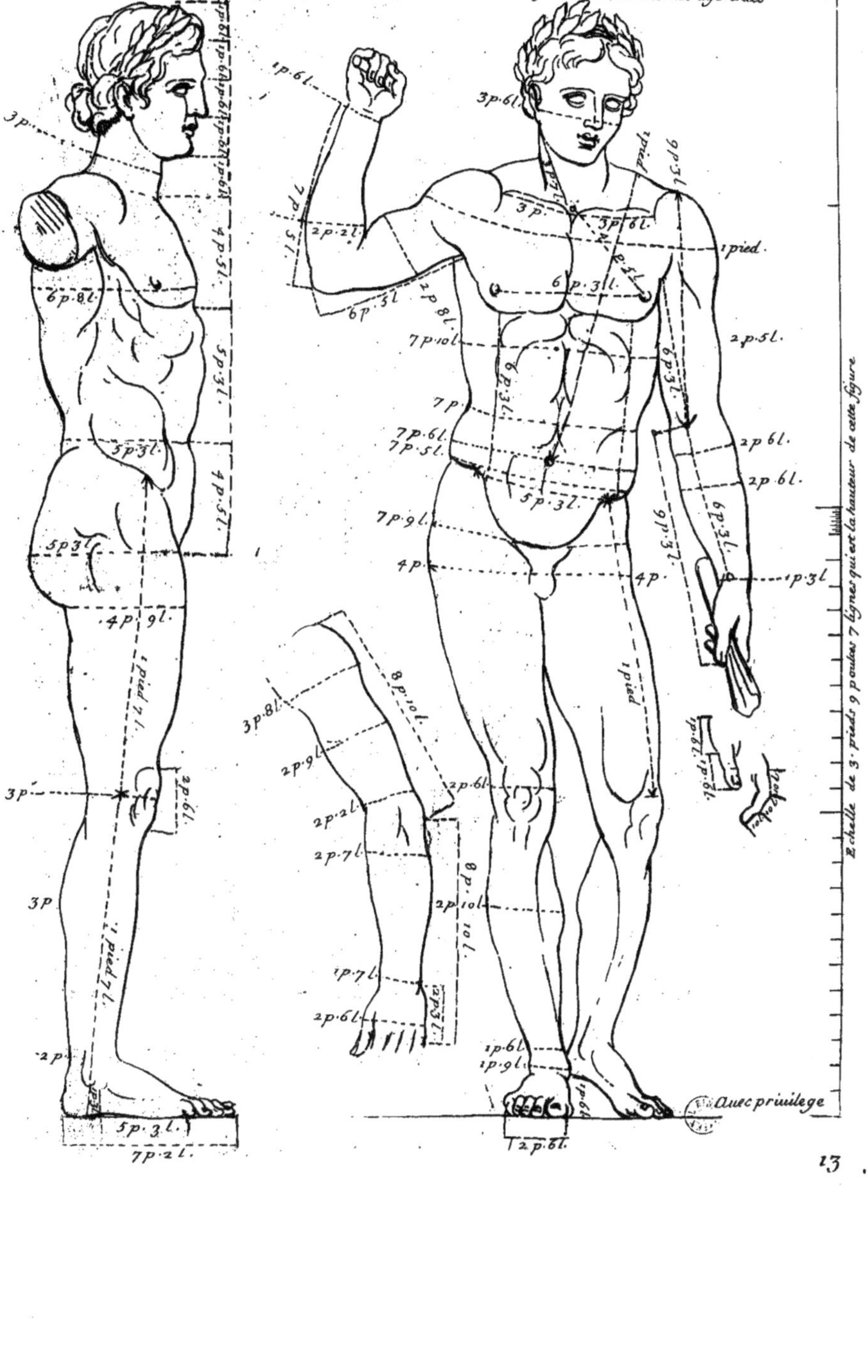

La Bergere Greque a de hauteur 7 testes 3 parties 6 minutes.

4 p. ½ m
2 p. 4 m
7 p. 8 m.
1 p. 5 m.
10 p. 1 m.
5 p. 9 m
6 p.
3 p. 4 m ½
2 p
3 p. 4 m ½
3 p. 4 m
3 p. 4 m ½
6 p. 2 m
2 p. 7 m
2 p. 1 m ½
1 p. 9 m
1 p. 10 m ½
8 p. 11 m
2 p. 3 m
1 p. 11 m ½
1 p. 9 m
13 p. 9 m.
1 p. 3 m
1 p
1 p. 6 m ½
m. p.
Auec privilege 14

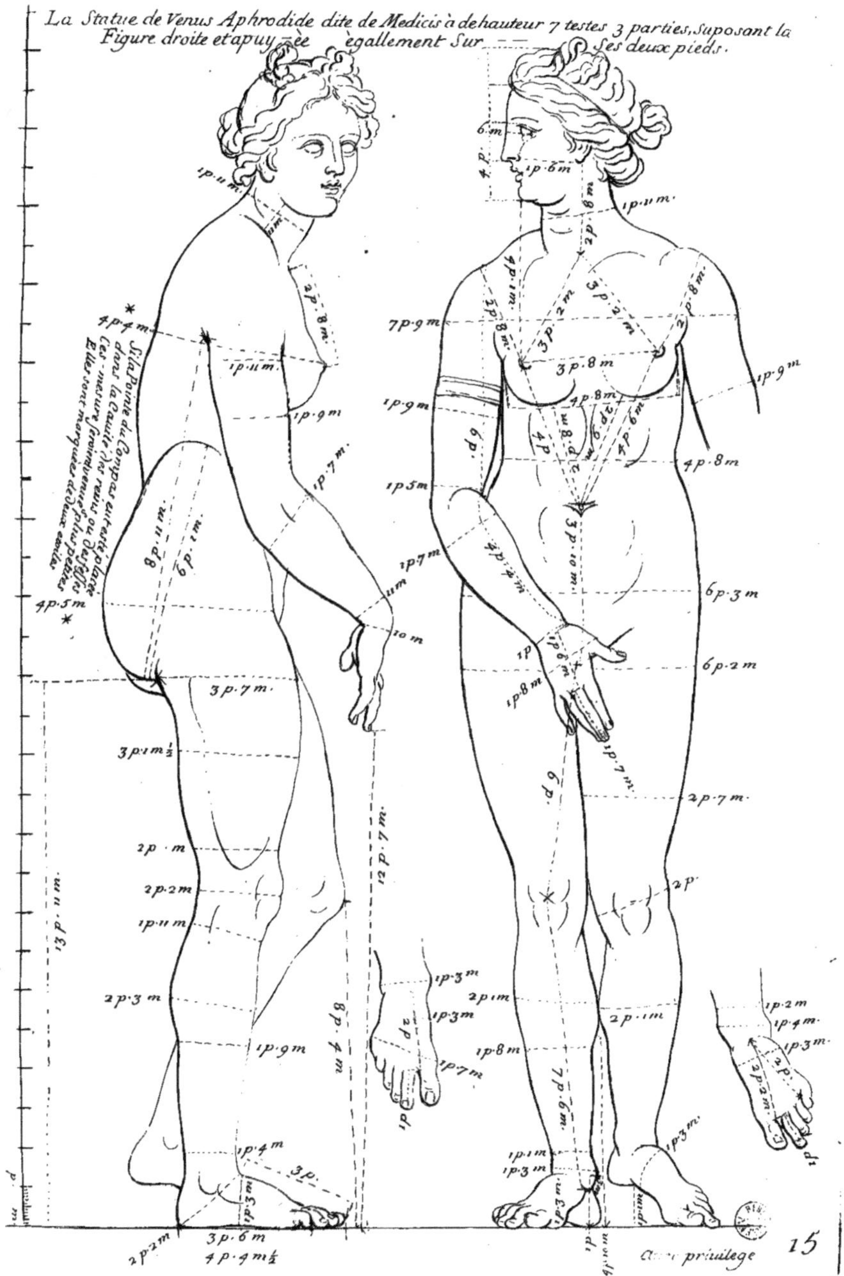

La Statue de Venus Aphrodide dite de Medicis à de hauteur 7 testes 3 parties, suposant la
Figure droite et apuyée egallement Sur ses deux pieds.
Si la Pointe du Compas est arresté plaine
dans la Cavité est reins ou Jerfeßin
Ces mesure ferointeurement plus grande
Elles font marquees de deux estoilles
Avec privilege
15

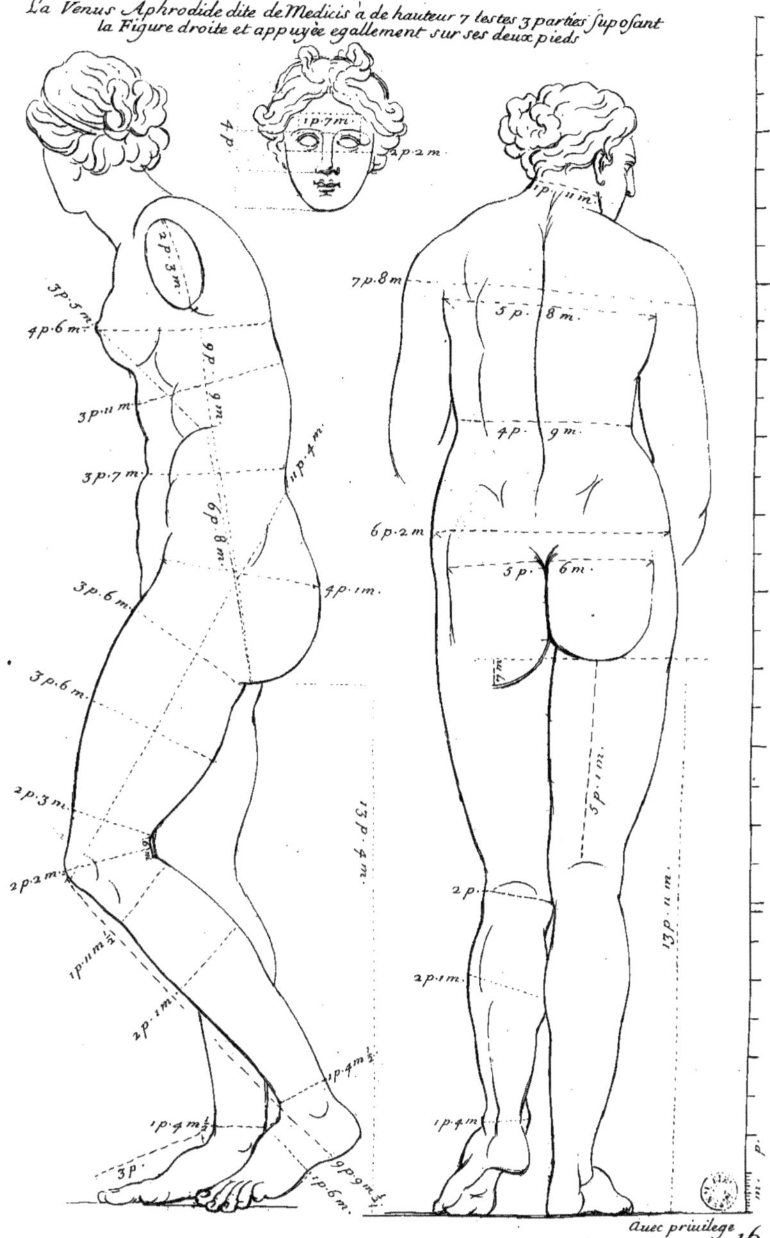

La Venus Aphrodide dite de Medicis a de hauteur 7 testes 3 parties supposant
la Figure droite et appuyèe egallement sur ses deux pieds
4 p.
1 p. 7 m.
2 p. 2 m.
1 p. 11 m.
2 p. 3 m.
3 p. 5 m.
4 p. 6 m.
9 p. 9 m.
3 p. 11 m.
11 p. 4 m.
3 p. 7 m.
6 p. 8 m.
3 p. 6 m.
4 p. 1 m.
3 p. 6 m.
2 p. 3 m.
2 p. 2 m.
1 p. 11 m. ½
2 p. 1 m.
1 p. 4 m. ½
1 p. 4 m. ½
3 p.
1 p. 6 m.
9 p. 9 m. ½
7 p. 8 m.
5 p. 8 m.
4 p. 9 m.
6 p. 2 m.
5 p. 6 m.
7 m.
3 p. 1 m.
13 p. 4 m.
13 p. 11 m.
2 p.
2 p. 1 m.
1 p. 4 m.
auec priuilege
16
m. p.

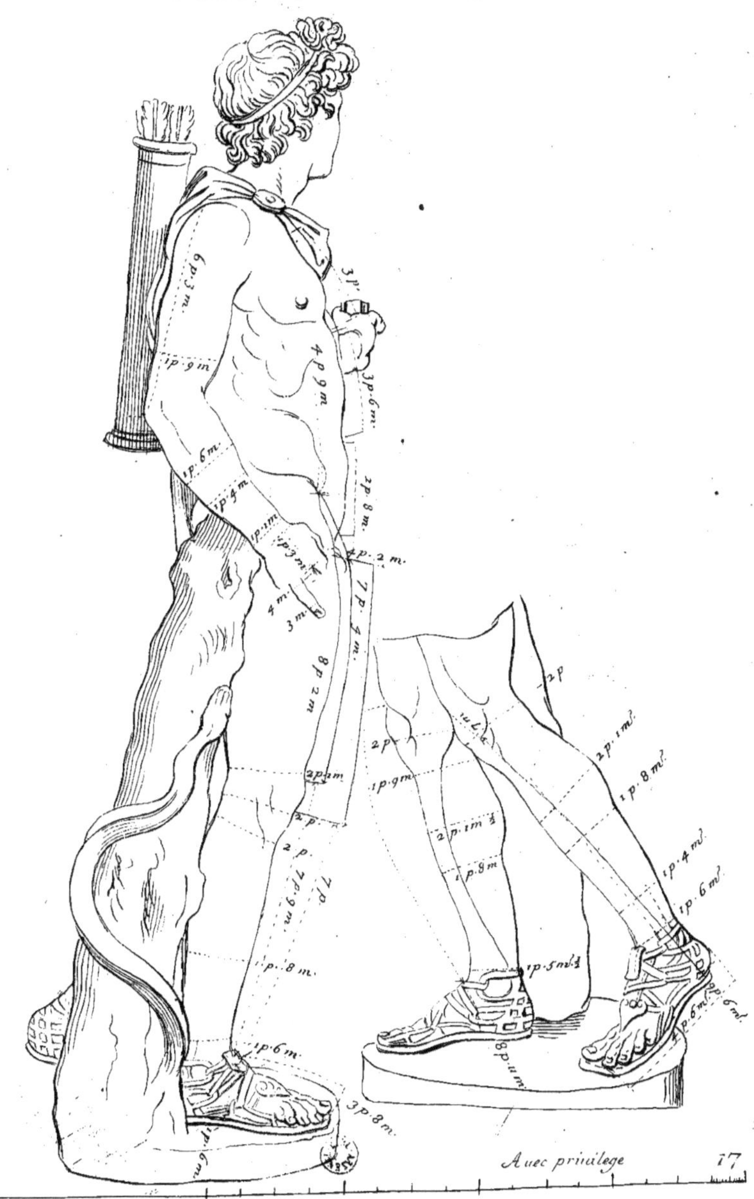

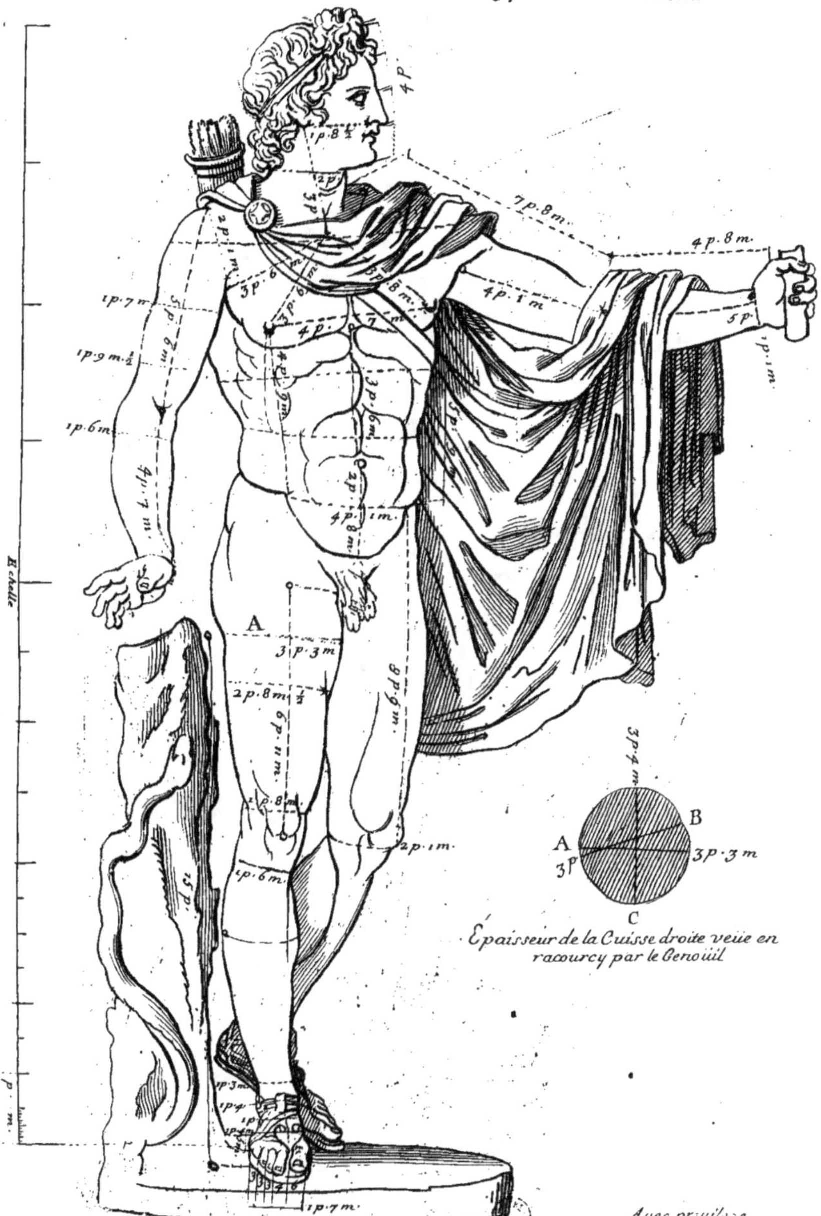
Epaisseur de la Cuisse droite veüe en racourcy par le Genoüil
A
B
C
3p.4m
3P
3P.3m
Echelle
Auec priuilege
18

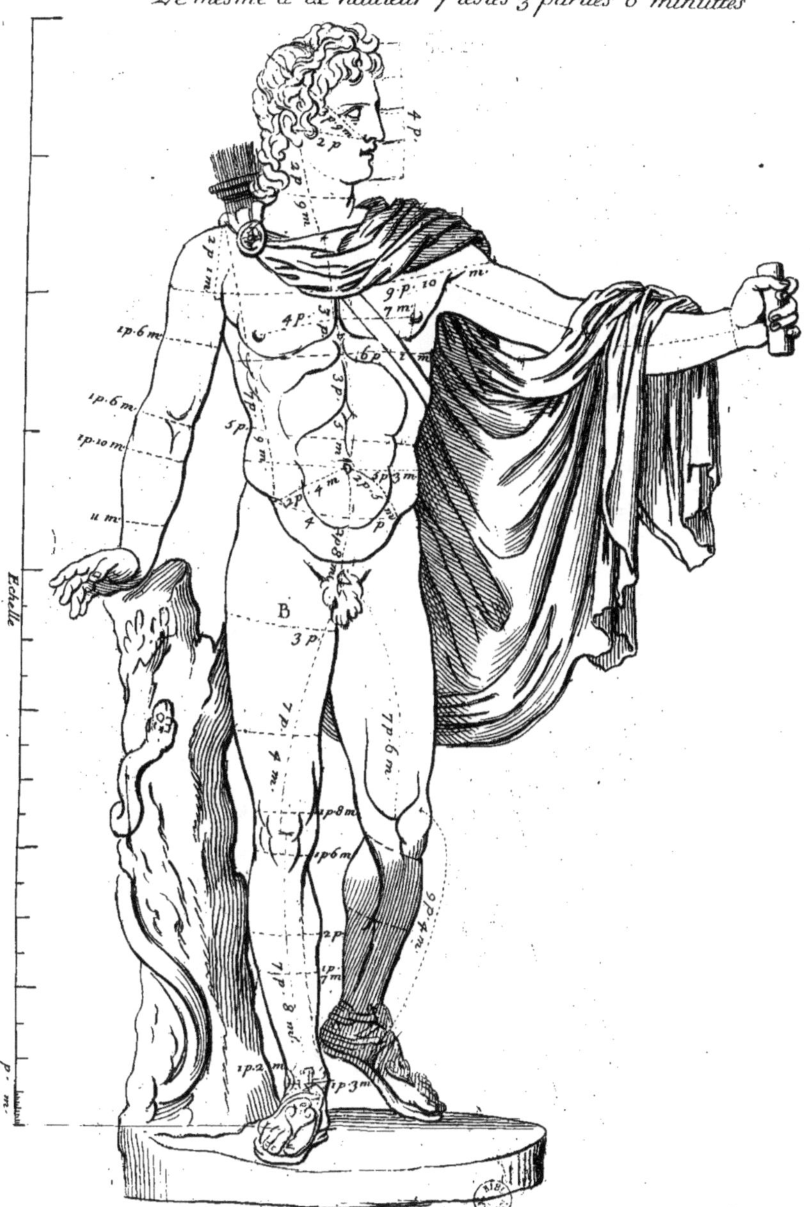

Le mesme à de hauteur 7 testes 3 parties 6 minuttes
Echelle
Auec priuilege du Roy
19

Le mesme à de hauteur 7 testes 3 parties 6 minuttes.
La perspectiue empesche
que l'on ne voye le haut de la
figure aussi grand quil est
2 p. 2 m
2 p
6 6 6
1 p. m
1 p. 9 m
2 p. 8 m
3 p. 2 m.
C
3 p. 4 m.
1 5 p. 9 m.
2 p. 7 m
2 p. 2 m
2 p. 1 m
1 p. 8 m
2 p. 1 m
1 p. 8 m
1 p. 3 m
2 p. 3 m
1 p. 9 m
2 p. 1 m
1 p. 8 m
1 p. 6 m
3 p. 1 m
10 m
p. m.

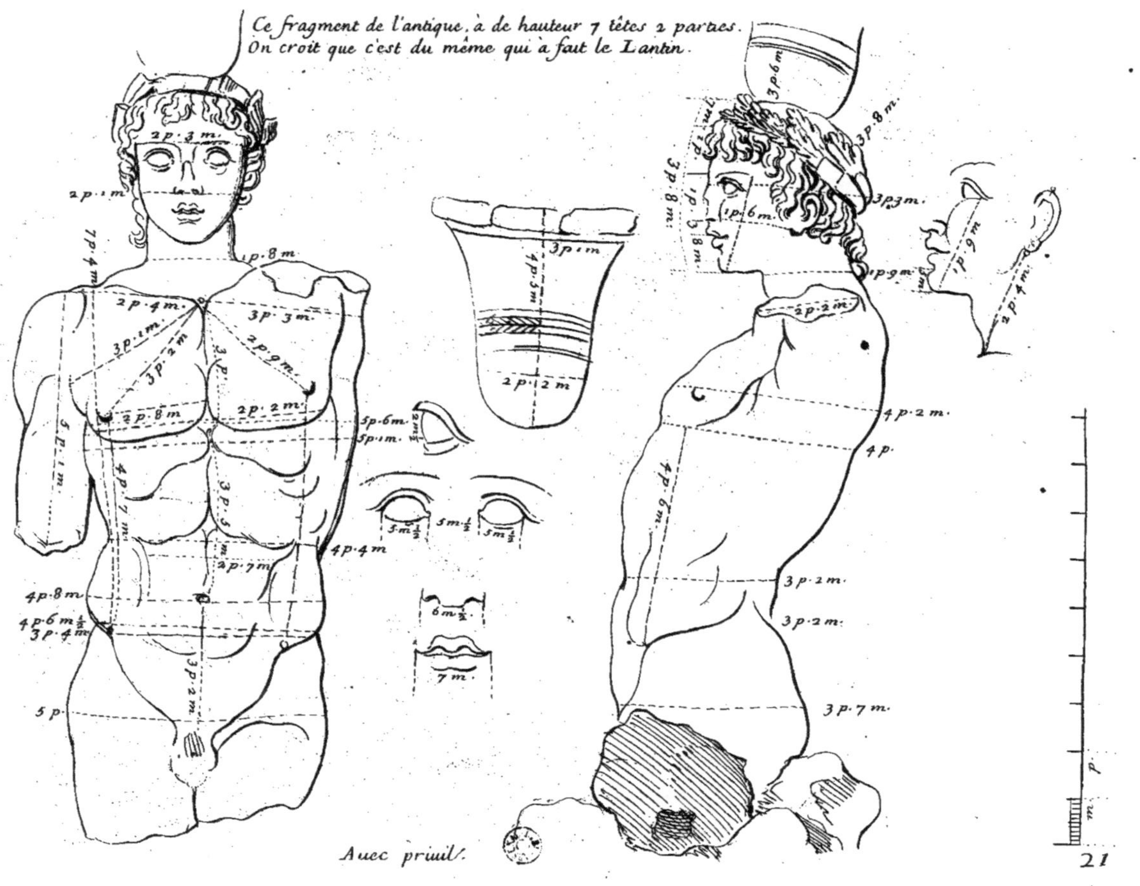

Ce fragment de l'antique, a de hauteur 7 têtes 2 parties.
On croit que c'est du même qui a fait le Lantin.
Avec privil.
21

La même 8 têtes de hauteur

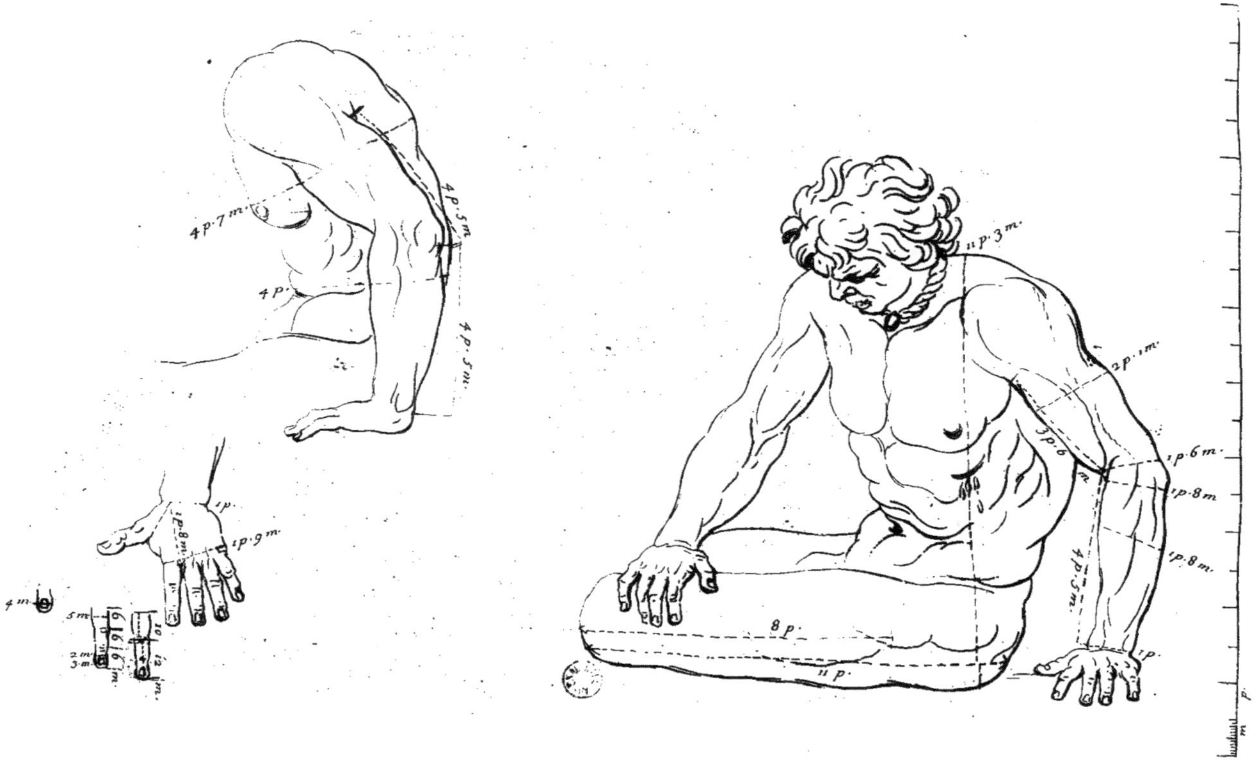

Auec priuil.

2 2

Mirmille mourant à de hauteur 8 têtes, sa Statue est à Rome au jardin Ludouise.
Auec priuil
23

Le grand enfant du Laocoon à de
hauteur 7 têtes 2 parties

Auec priuil:

l'Un des enfans de Laoçoon marqué B.
a 7 têtes de hauteur.

Il a 5 testes de hauteur.
auec priuil.
26
m. p.

Les Parties du Visage mesurées de la mesme grandeur quelles sont en la Statue d'Apollon Pythien
qui est au Jardin du Vaticant 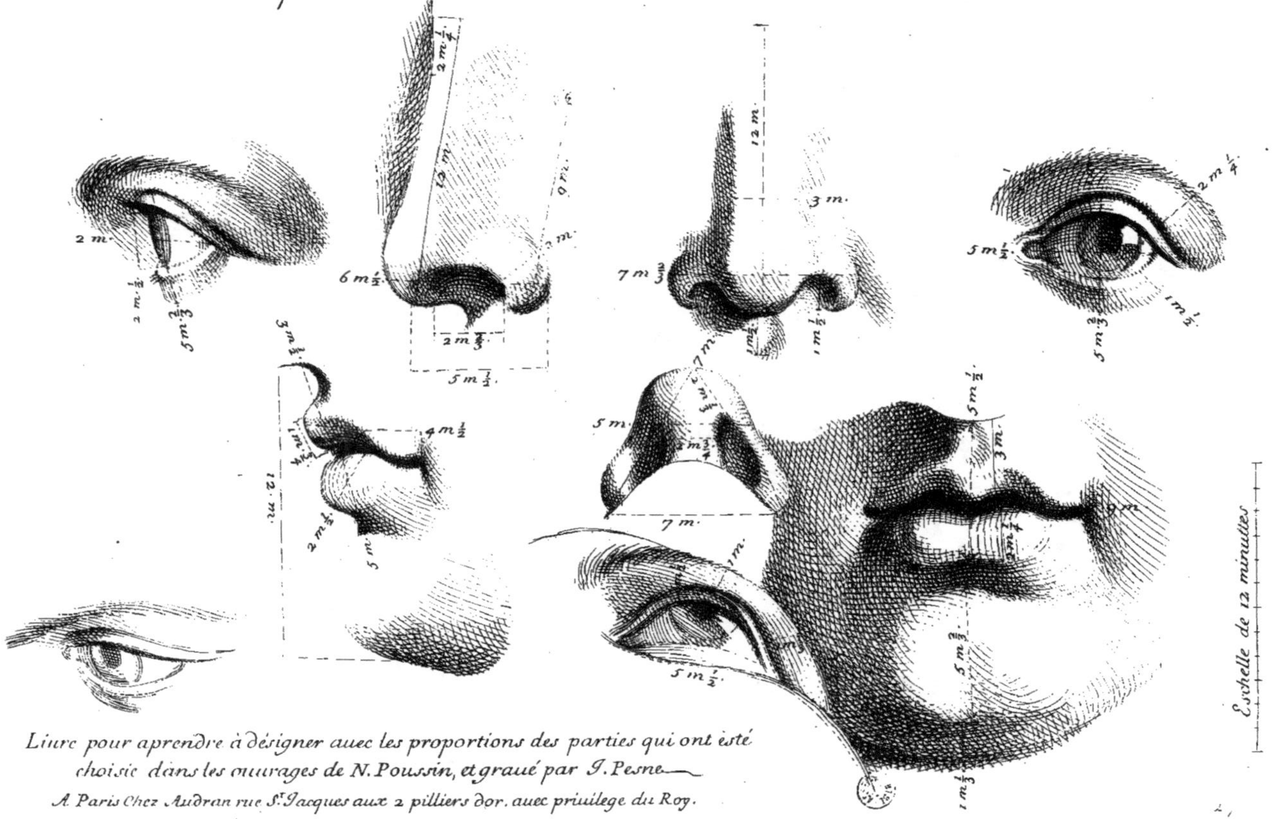
Escuelle de 12 minutes
Liure pour aprendre à désigner auec les proportions des parties qui ont esté
choisie dans les ouurages de N. Poussin, et graué par J. Pesne
A. Paris Chez Audran rue St. Jacques aux 2 pilliers dor. auec priuilege du Roy.

Les parties du visage d'vne Venus antique mesurées de leurs mesmes grandeurs

avec priuilege 28

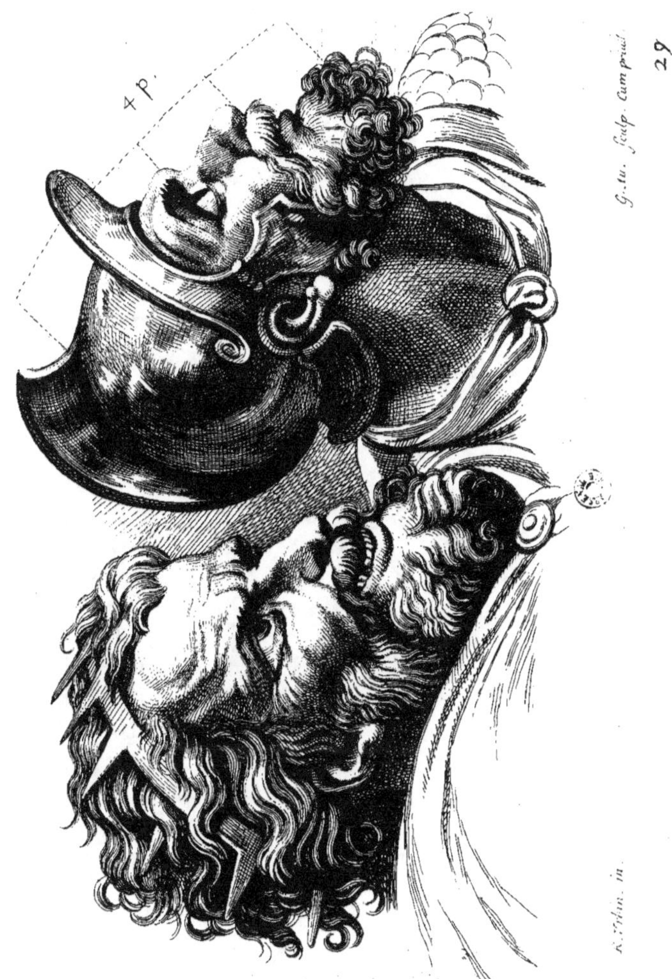

R. Tolen. in.
G. tu. Sculp. Cum priul.
29

R.I.f. In.
G. Au.f. C.P.R.
30